**La feuille
qui ne voulait pas tomber de l'arbre**

© Kerstin Chavent

Impression/Éditeur : BoD – Books on Demand,
Norderstedt, Allemagne

ISBN : 9 782322 104727

Dépôt légal :mars 2018

**La feuille
qui ne voulait pas tomber de l'arbre**

Miscellanées

de

Kerstin Chavent

Du même auteur

La maladie guérit. De la pensée créatrice à la communication avec soi. Quintessence 2014

Krankheit heilt. Vom kreativen Denken und dem Dialog mit sich selbst. Omega 2014

Traverser le miroir. De la peur du cancer à la confiance en la vie. L'Harmattan 2016

Das Licht fliesst dahin, wo es dunkel ist. Zuversicht für eine neue Zeit. Europa-Verlag 2017

Was wachsen will muss Schalen abwerfen. Enthüllung eines Krustentieres. BoD 2018

Index

L'épée à la main 9

Exode 13

La création du monde 19

L'accident 20

L'arbre de Noël 25

La table est mise 27

Au choix 28

Le sourire 30

Traversée 33

La convocation 34

La feuille qui ne voulait pas tomber de l'arbre 46

L'eau dans tous ses états 50

Dans la glace 64

Méditation ancrage 66

Méditation royaume intérieur 68

Paroles 70

L'EPEE A LA MAIN

Chacun est créateur de sa réalité. C'est mon expérience suite à la confrontation avec une des grandes maladies de notre époque : le cancer. Un problème, quel qu'il soit, doit d'abord être reconnu et accueilli pour pouvoir se résoudre ensuite. Il contient alors un appel à prendre en main la responsabilité pour ce qui est. Chacun a la liberté de choisir sa position et son attitude face à ce qui lui arrive. C'est un des plus grand cadeaux que nous ayons reçus à notre naissance : la possibilité de dire *oui* ou *non*.

J'ai décidé de dire *oui*. Peut-être grâce au fait que je me suis mariée quelques jours seulement après le diagnostic. Ainsi, j'ai non seulement pu traverser l'épreuve de la maladie. Avec le temps, mon *oui* est devenu un *oui* à la vie et à ce qu'elle me propose. Ce *oui* inconditionnel m'aide à chaque instant à affronter mes peurs et à vivre sereinement. Il dissout les ombres de la nuit et donne un sens à ma vie.

Celui qui fait ce choix laisse derrière lui le modèle de civilisation devenu obsolète et le trio infernal qui l'a malmenée : la victime, le bourreau et le sauveur. Il a compris que lui seul est le capitaine de son vaisseau. Si nous n'avons aucune prise sur les tempêtes qui peuvent nous arriver, nous avons le pouvoir de décider comment tenir le gouvernail et comment mettre nos voiles dans le vent.

Sur cet océan de l'inconnu, nous ne sommes pas seuls. Nous y naviguons tous. Beaucoup ont déjà allumé leur flamme. Ce n'est pas uniquement notre destin individuel qui dépend de ce choix. Nous comprenons aujourd'hui que notre vie est indissociablement liée à la vie des autres. De tous les autres : animaux, plantes, forêts, lacs, rivières, océans. Le déséquilibre d'un seul élément risque de provoquer la chute de tout le reste. Actuellement, beaucoup sont en souffrance. Voici la triste réalité. La bonne nouvelle est que la solution n'est pas loin. La clé pour faire avancer le monde dans le sens de la vie se trouve à l'intérieur de nous.

Notre monde est saigné par nos vaines tentatives de chercher les solutions à nos problèmes à l'extérieur. Nous pensons pouvoir les acheter et nous déléguons la responsabilité pour ce qui nous concerne à d'autres. C'est cette illusion qui crée toutes les injustices et le déséquilibre qui bouleverse notre civilisation aujourd'hui jusqu'au point de risquer de la faire disparaître. En regardant ce qui se passe en nous, en découvrant l'être qui nous habite et en faisant la paix avec lui, nous n'apprenons pas seulement à aller mieux individuellement. Nous contribuons aussi à améliorer le monde dans lequel nous vivons.

Il ne faut ni guerre ni révolution pour accéder au potentiel créateur en nous. Si le chemin vers soi comprend bien des embuscades, des confrontations et des conflits, c'est un chemin de paix. J'ai décidé de prendre ce chemin alors que j'étais *en rémission*, comme on dit aujourd'hui. J'ai pris en main l'épée de Damoclès qui flotte au-dessus de ma tête. Non pas pour lutter contre ce Dragon en moi qui peut toujours cracher son feu quand je ne m'y attends pas. Il m'inspire beaucoup de respect et je ne peux me rapprocher de lui qu'en m'inclinant devant sa force.

Amatrice des contes de fées, je sais que chaque monstre cache un trésor et que chaque épreuve réveille des talents insoupçonnés. Dans ces contes, ce ne sont pas les plus intrépides et les plus forts qui réussissent, mais les petits derniers, les maladroits, les plus humbles au cœur pur. Ce sont eux qui épousent la princesse et qui ont accès au trésor caché. Mon épée me sert alors à m'éplucher. Couche par couche, j'enlève mes aspérités, mes peaux dures, mes jugements, mes idées fixes, mes vieilles croyances et toutes les résistances qui peuvent empêcher la lumière de traverser.

Ainsi se révèle le sens originel du mot *Apocalypse*. Ce n'est pas la fin du monde mais la fin d'un monde. C'est l'acte d'enlever le voile devant nos yeux et de regarder ce qui se trouve au-delà de nos illusions. Ce qui semblait être une catastrophe peut alors s'avérer être une grande occasion. Elle nous permet de nous rapprocher de ce feu qui brûle à l'intérieur de chacun de nous et qui nous rappelle que nous venons tous du soleil.

Entretenir et partager ce feu de la créativité n'est pas toujours confortable. Cela peut faire mal. Mais j'ai appris que ce n'est pas la chose qui me fait souffrir. C'est mon attachement à ce qui doit partir, mon opposition à ce qui est. La souffrance n'est pas nécessaire. Elle nous indique juste que nous avons quelque chose à lâcher. Les frottements du quotidien sont alors devenus mes guides : ils me montrent ce que j'ai à laisser et ils m'indiquent le chemin vers la lumière et la joie.

Dans ce sens, j'ai choisi ces écrits qui se sont formulés lors des dernières années : récits, dialogues, pensées, méditations. Si le choix est hétéroclite, le message est toujours le même : ayons confiance en la Vie. Il se nourrit de mon envie d'inspirer d'autres à oser le regard, à se libérer des vieilles peaux et à découvrir le potentiel extraordinaire qui sommeille en nous tous.

Puilacher, février 2018

EXODE

- Les enfants, réveillez-vous !
Elle entend la voix de la mère. Elle vient de loin. Elle est encore dans son rêve, bien dans son lit, sous l'édredon chaud et doux. Il fait nuit. Pourquoi la mère appelle ? Elle ne veut pas se lever.
- Allez, debout, vite ! Habillez-vous. Il fait très froid.
Elle pose devant ses deux filles tous leurs vêtements d'hiver : pantalons, jupes, pulls, écharpes, gants, manteaux. La grande sœur est déjà debout et commence à s'habiller. La petite ne comprend pas. Pourquoi faut-il qu'elle mette toutes ces choses sur elle ? Le petit frère est encore au lit. La mère s'impatiente.
- Il est temps de partir. Dépêchons-nous !
Les yeux pleins de sommeil, les filles s'habillent comme les poupées russes, une couche sur l'autre. La mère ramasse couettes, édredons, couvertures et dit à ses filles de choisir chacune une poupée. Une seule.

Elles sortent. Dans la cour de la maison, à la lueur d'une lune froide, la mère charge sur une charrette casseroles, vivres et tout ce qui peut tenir chaud. Le bébé dort dans son panier sous d'épaisses couvertures. Il ne se rend compte de rien. Quelle chance ! La petite est inquiète. Elle essaye d'habituer ses yeux au noir. Pourquoi on n'allume pas la lumière dans la cour ? Derrière elle, elle aperçoit l'ombre noir de la maison. Elle est encore neuve, le père vient de la construire. Il est grand et fort, le père. Il a des muscles dans ses bras et quand il se met quelque chose dans la tête, rien ne le retient. C'est ainsi qu'il a épousé la mère. Elle vient d'une famille modeste et la grand-mère ne voulait pas que son fils se marie en-dessous de son niveau. Le père est l'héritier de la ferme. Il sait travailler et les espoirs de la famille reposent sur lui. Il fera grandir l'affaire familiale.

Mais il en décida autrement. Cette petite brune au regard doux habitait déjà son cœur et rien ne pouvait plus les séparer. Le jour des noces, avant d'aller à l'église, la grand-mère désatela les chevaux. Le père les attela à nouveau, se maria et n'était plus l'héritier de la ferme parentale. Il construit sa propre ferme. Rien ne lui fait peur. Il sait toujours quoi faire. Avec lui, la petite se sent en sécurité. Mais aujourd'hui, le père n'est pas là. Il est au front. Il a dû laisser sa femme et ses quatre enfants pour faire la guerre. Le dernier travailleur polonais qui leur reste fidèle est en train d'atteler le dernier cheval. Heureusement qu'il est là ! La mère a peur des chevaux.

Tous les enfants sont sur la charrette. La petite regarde sa mère fermer la porte de leur maison. Elle se blottit contre la grande sœur. Elle ne veut pas pleurer. Depuis des semaines déjà, elle voit des convois venant de l'est traverser leur village. Ce sont des gens sales, le regard vide et sans espoir. Ils devaient les loger chez eux et ouvrir les portes du grand salon dont ils se servaient uniquement les jours de fête. Le lendemain, les pauvres gens partaient pour laisser la place aux miséreux suivants. On n'aimait pas avoir tous ces gens chez soi. Ils avaient tout perdu. Aujourd'hui, c'est à eux de se mettre en route. Quelques jours avant, les filles ont aidé la mère à empaqueter et enrubanner soigneusement les couverts en argent et la vaisselle du dimanche pour les enterrer dans le jardin. On espérait revenir, quand la guerre sera finie.

Sur la place du village, il fait toujours nuit. Les voisins se réunissent. Ils viennent de tous les côtés. Des charrettes tirées par des chevaux ou des vaches, s'il en restait, ou à la main, remplies de ce qu'on ne veut pas laisser. Les familles portent avec eux tout ce qui peut être utile pour survivre. La petite reconnaît la voisine, une jeune fille qui les gardait quand les parents n'étaient pas là. Elle marche dans ses bottes trop grandes à côté de sa famille, le manteau tiré jusqu'aux oreilles. En la voyant, la petite se sent consolée. Un village entier est en train de partir, comme tant d'autres ont dû le faire les semaines et les mois précédents. Le jour commence à se lever.

Elle se rappelle surtout du froid. En fuyant le front qui se déplace, le convoi doit traverser l'Oder gelé à plusieurs reprises. Ils errent à travers les lignes de combat de cet hiver 1945, un des plus froids que l'on n'ait jamais connu. Les cadavres des animaux morts de faim, de froid et de fatigue longent les routes glacées. Les gens essayent de traire les vaches mortes pour un retirer quelques dernières gouttes de lait. La mère ne donne jamais de ce lait à ses enfants. Quand ils arrivent dans un village, les gens les regardent comme ils avaient regardé les malheureux qu'ils devaient loger chez eux seulement quelques semaines plus tôt. Ils montent leur campement de fortune. Parfois, ils restent quelque temps. La mère essaye de trouver du travail à la ferme pour nourrir ses enfants. Mais le plus souvent, elle n'en trouve pas assez pour quatre bouches. Elle est épuisée et elle est toute maigre. Elle n'a plus assez de lait pour le bébé.

Un matin, elle voit le bébé mort dans ses bras. Son petit corps est déjà froid. La mère hurle son horreur. Le cri vient du plus profond de ses entrailles et se gravera à jamais dans le souvenir familial. L'enfant est enterré au cimetière d'un village dont on oubliera le nom. La mère n'a pas le temps de faire son deuil. Il faut qu'elle s'occupe des trois enfants qui lui restent. Le danger est toujours là : la faim, les coups de fusil, les viols, les meurtres. On cloue les femmes et les enfants sur les portes des hangars. Les horreurs d'une guerre qui ne veut pas finir. Etrangement, la petite n'a pas peur. La mère est là, c'est tout ce qui a de l'importance.

Au mois de mai, le mois de l'anniversaire de la petite, la guerre est terminée. La mère est à bout de forces. Elle ne veut plus, elle ne peut plus avancer. Elle veut rester là où elle est, dans ce pays en ruines. Elle envoie une lettre au père : *Viens nous chercher*. Le père, blessé mais intact, déserte, cherche et trouve sa famille. Quand il arrive, la petite ne le reconnaît pas. Ce soldat lui fait peur et elle se cache. Ensemble, ils vont à Berlin. Maintenant, c'est à la petite de ne plus vouloir marcher. Elle veut rester là où elle est. Mais ils doivent repartir. Ils ne peuvent pas rentrer à la maison, chez eux. La guerre a déplacé les frontières. On leur dit d'aller vers l'ouest et de s'installer dans un village au milieu des grandes plaines. Les gens les regardent de travers. Ce sont de pauvres refugiés. Ils ont tout perdu.

Les parents trouvent un travail à la ferme. Ils habitent tous dans une seule pièce. Le matin, les filles vont à l'école du village voisin. L'après-midi elles travaillent, la grande dans les champs et la petite en cuisine. Elle est chétive et elle n'a pas beaucoup de forces. Elle aimerait bien avoir les bras plus forts pour que le père la regarde plus souvent. Les parents travaillent dur, comme ils savent le faire. Ils finissent par pouvoir acheter de la terre. La petite se sent enfin chez elle. Elle est toujours la petite réfugiée, malpropre et la tête pleine de poux, mais les gens commencent à la regarder avec plus de gentillesse. La nouvelle ferme grandit. Le père achète d'autres parcelles. Sur une d'elles on trouve du pétrole. De grandes pompes sont installées et l'argent ne manque plus. La petite grandit. Mais pas beaucoup. Un matin, elle a très mal à la tête. Elle ne peut plus se lever. On appelle le docteur. Il dit que c'est peut-être la grippe. Mais ce n'est pas la grippe. C'est la polio.

Elle doit aller à l'hôpital. Personne ne peut venir la voir. Parfois, le dimanche, elle aperçoit sa mère et sa sœur en bas dans le parc de l'hôpital. Elles lui font des signes avec les mains. Pendant six mois elle doit rester à l'hôpital. On la laisse sortir pour son anniversaire, au mois de mai. Elle a réappris à se tenir sur ses deux jambes mais elle ne marche pas encore. Elle a seize ans. A la maison, il y a un gâteau et des cadeaux. Après le repas, les autres sortent pour aller travailler. Elle reste seule dans la cuisine, avec la vaisselle. Elle rampe et elle pleure. Mais surtout, elle ne veut pas que les autres voient sa souffrance. Elle sait que le père ne serait pas content d'elle. Il préfère les gens qui savent travailler comme lui. Qu'est-ce qu'elle aimerait qu'il la prenne dans ses bras et qu'il lui dise qu'il l'aime malgré ses bras et ses jambes trop faibles ! Mais il ne le lui dira pas.

Elle est têtue et réapprend à marcher. Elle veut une vie normale ! Surtout normale ! Elle veut des fleurs et elle veut danser ! Un grand blond avec son accordéon la fait danser. Ils ont deux filles. Chacune fera le chemin à l'envers. Une prend racine à une ferme à quelques kilomètres de l'endroit où la mère est partie, de l'autre côté de la frontière. L'autre s'envole vers des terres où elle restera toujours un peu étrangère, un peu à l'écart, un peu bouleversée.

LA CREATION DU MONDE

C'est un monde où personne n'est seul. Tout y est relation, interconnexion ; tout est lien. Rien n'existe séparément du reste et tout fait partie d'un grand ensemble vibrant, construit par tous au fur et à mesure. Il n'y a pas de pouvoir centralisé. Tout le monde participe à un processus de création qui ne s'arrête jamais. Dans ce monde, tout est énergie, vibration. Chaque chose a un cœur de lumière. Les êtres qui l'habitent vont facilement vers les autres pour communiquer avec eux et pour se montrer. C'est une vie en communauté dont l'objectif est l'échange et le partage. Chaque individu choisit les expériences qu'il veut faire. Il crée sa propre réalité à partir de la seule puissance de sa pensée. Chacun crée sa propre réalité par ses idées. Chacun décide de ce qu'il a envie de vivre, en toute liberté. C'est un monde sans limites. Ici, rien ne se perd, tout est gravé à jamais dans la mémoire du collectif. On y vit pour jouer, pour s'émerveiller, se développer et pour jouir de son existence. C'est un monde qui est toujours accessible, à tout moment. Clic.

L'ACCIDENT

On l'appelle de la rue. Elle laisse appeler. Le téléphone sonne. Elle laisse sonner. On frappe à la porte. Elle laisse frapper. Le facteur passe. La lettre reste dans son enveloppe. Immobilisée derrière ses consoles, les yeux rivés sur ses écrans, son regard plonge dans le scintillement des mondes artificiels. Quand elle sort de chez elle, elle ne lève pas la tête. Elle ne voit pas, elle n'entend pas et elle ne sent pas. Sa peau endurcie est devenue imperméable à son entourage.

Et c'est ainsi qu'elle ne voit pas la voiture qui s'apprête à croiser son chemin. Le hurlement du klaxon et le crissement des pneus qui glissent sur l'asphalte semblent venir des univers artificiels qu'elle a l'habitude de prendre pour sa réalité. Au moment même où son corps frappe la terre, elle perd connaissance. Pendant que des mains expertes tentent encore de la garder en vie, baignés dans la lumière frémissante des gyrophares, quelque chose se détache du corps qui repose sur l'asphalte et commence à monter. Entre les badauds et l'équipe des premiers secours, elle aperçoit un corps frêle dans une curieuse posture : le sien.

A peine se reconnaît-elle dans ces traits autrefois si familiers. C'est comme si elle s'était perdue de vue pour découvrir maintenant le corps de celle qu'elle a été autrefois. Le temps d'un clin d'œil qui semble être une éternité, elle voit les événements de sa vie défiler devant elle : une petite fille qui grimpe dans les arbres, une adolescente qui cherche à savoir, et puis une jeune femme qui commence à se replier derrière ses écrans. Le monde qui l'entoure lui semble à la fois fade et trop compliqué. Son enthousiasme et sa curiosité, les cadeaux de sa naissance, s'éteignent. Désabusée, elle s'enfuit vers des mondes prometteurs de distraction et d'amusement illimités.

Au cours des années, son existence devient distraction, éloignement, enfermement. Imperceptiblement, elle glisse dans les mondes de l'autre côté des écrans. Le virtuel remplace le réel et les avatars les amitiés. Elle ne communique plus que par satellite interposé et finit par perdre tout contact avec les êtres en chair et en os qui l'entourent. Au-delà de ses écrans, tout est fascination, séduction. Tout est réalisable, tout de suite. Il suffit d'une simple pensée, d'un seul clic pour réaliser ses choix et pour la transporter d'une dimension à une autre.

Elle aperçoit les gens s'affairer autour d'elle et lutter pour la survie de son corps. De loin, elle assiste à son transport à l'hôpital et à l'arrivée de ceux qui lui étaient proches quand elle savait encore communiquer. Depuis des années, elle ne leur avait adressé ni parole ni pensée. Ne l'ont-il pas oublié ? Elle se sent touchée. Elle sent leur incompréhension, leur tristesse, leur colère, et leur chaleur aussi. Elle essaye de leur adresser la parole. Mais sa bouche reste fermée, ses yeux clos et sa conscience loin de son corps.

Sa situation devient de plus en plus dérangeante. Quand elle voit ses proches lui tenir la main et lui embrasser le front elle aimerait les rassurer, leur dire qu'elle n'est pas loin, qu'elle n'est pas mal là où elle est. Elle vibre juste à une autre fréquence. Comme avant. Mais contrairement à avant, son incapacité à communiquer lui semble de plus en plus douloureuse. Elle aimerait tant leur donner un signe, établir un lien ! Un battement de paupière, un mouvement de la main. Rien. La ligne est coupée. Elle est déconnectée. Plus de signe. Elle se trouve face à elle. Seule.

Arrivé au fond de sa solitude, elle aperçoit la forme d'un être recroquevillé sur lui-même et enfermé dans ses idées. Autour de cette forme, des écrans construisent une sorte de cocon qui empêche la lumière de traverser. Cet être a envie de sortir de sa prison stérile, de déployer ses ailes et de voler à la rencontre du monde vivant. Qu'est-ce qu'il donnerait pour pouvoir échanger un simple regard, un seul mot, une légère caresse !

Tout. Elle donnerait tout pour vivre encore une fois une vraie rencontre. Mais son âme s'éloigne déjà de cette vieille terre qui avait hébergé son corps, des arbres en fleur, des insectes bourdonnants et des eaux abondantes. Comment a-t-elle pu être si distraite et indifférente face à la vie qui lui avait été offerte ? Son désir devient de plus en plus ardent: revenir encore un instant dans ce corps de chair, toucher cette terre, plonger dans ces eaux, vivre une vraie vie avec de vrais gens, les aimer, les embrasser, se confronter à eux, se frotter à eux, grandir avec eux. Elle veut essayer, se tromper, essayer encore et encore, pour de vrai ! Dans une danse désespérée, les flammes de son désir embrasent ce qui reste de son être et le portent plus haut, plus proche de la lumière du soleil qui embrasse tout. Et là, elle sent enfin s'enflammer ses peaux mortes et les écrans qui l'avaient empêchée de voir, d'entendre et de sentir. Déjà, les carapaces ne sont plus. Il ne lui reste plus que la nudité du nouveau né.

Elle se souviendra toujours de son premier soupir. L'air remplit à nouveau ses poumons et la transporte dans une nouvelle vie, auprès de ceux qui ont veillé sur elle. Elle sent leur présence dans toutes les cellules de son corps. Elle sait que sa vie ne sera plus comme avant car désormais, elle se trouve dans le monde des vivants. De son voyage, elle rapporte le souvenir qu'il ne lui faut pas de monde artificiel pour entrer dans une réalité qui lui convient. La vie est scintillement des deux côtés de l'écran. Tous les univers sont vibration. Dans cette toile sensible et infiniment complexe, rien n'existe séparément du reste. Tout est indissociablement lié et chaque chose résonne à sa façon selon l'information qu'elle porte.

Avec la curiosité de l'enfant qui vient de découvrir un nouveau jeu, elle se met à explorer les êtres et les formes qui vibrent autour d'elle. Elle n'a plus besoin d'écrans pour se sentir en vie. Elle ne cherche plus à se distraire ou à tuer son temps. Elle sait que le réel est infiniment plus riche que l'artificiel car elle peut le partager avec des êtres vrais. En tissant soigneusement le fil précieux qui la lie à son entourage, elle se donne entièrement à sa plus grande envie : créer sa propre réalité.

L'ARBRE DE NOËL

C'était le tout dernier sapin que l'on pouvait encore trouver en pot. Il avait peu de choses en commun avec ses grands frères venus du Nord et qui gardent leur verdure pendant toute la période des fêtes. Il fût acheté en toute vitesse, avant la fermeture des portes, coincé dans l'étroitesse et l'obscurité d'un coffre hostile qui lui ôta toute envie de rêver. On le décora sans manières avec les mêmes figurines qui avaient déjà mis en beauté des générations de sapins avant lui, mais qui ont fini par laisser leurs charmes dans les aiguilles de leurs prédécesseurs. Le jour de Noël, point de rires ni de chants. Il était là pour remplir son rôle traditionnel, sans que personne s'intéresse vraiment à sa présence. Déjà avant l'arrivée de la nouvelle année, on lui retira ses fades bijoux et le parqua sur le balcon pour l'oublier.

La pluie de l'hiver ne le nourrissait pas assez. Il sécha et finit par laisser tomber ses aiguilles. Sa robe vert pâle se transforma en haillon troué et jaunâtre. Avant l'arrivée du printemps, quelqu'un le descendit au jardin, non pas pour lui offrir une dernière dignité, mais pour le rapprocher de son ultime destin. On l'oublia encore une fois, jusqu'au jour où il commença à faire tâche dans un jardin en fleur. Mais la main qui voulait l'emporter hésita : sur les pointes de ses branches squelettiques étaient nées de nouvelles pousses, frêles encore, mais nourries par cette force inouïe de ce qui a envie de naître. Des dizaines de petites pousses pointaient partout comme de joyeux pompons. D'un vert frais, coquin, elles parsemaient tout l'arbre et le convertirent en un paysage pointillé et surprenant. La vie s'était frayée un chemin à travers cette chose laissée pour morte dans son pot en plastique noir. Il était là, toujours droit dans sa pension de fortune, et brillait de toutes ses lumières. Sa nouvelle robe lui alla ô combien mieux que la parure la plus sophistiquée. Il avait raté l'occasion pour laquelle il était prévu pour devenir lui-même : un symbole du renouveau de la vie. Ainsi, il a trouvé sa place dans le jardin où il loge toujours discrètement en bas des escaliers.

LA TABLE EST MISE

Au centre de l'espace, la table se dresse. Des arômes délicieusement accordés qui font sauter de joie les papilles gustatives des plus réticents émanent des mets simples et raffinés à la fois. Des fruits juteux et des friandises appétissantes sont posés ici et là et appellent à être dégustés. Des boissons rafraîchissantes invitent qui le souhaite à étancher sa soif. Le festin offre toutes les richesses de la terre, de l'air et de l'eau. Rien ne manque. Tout est là pour que l'on s'en serve et s'en réjouisse.

Les pensées occupées par ses calculs et guidé par un vague espoir de trouver de quoi remplir son vide, le manque s'approche. Son regard se pose sur le blanc de la nappe. Il passe son chemin, affamé.

AU CHOIX

- Qu'est-ce que vous voulez ? De toutes façons, on ne peut rien y faire.
Elle se penche sur l'étalage du rayon viandes et charcuteries, présenté dans les tons roses et appétissants.
- Mettez- moi de cette jolie côte de bœuf.
La jeune vendeuse sort le morceau et coupe une bonne tranche.
- Et avec ça ?
- Il me faudra du boudin noir pour quatre. Il est bien frais ?
- Oui, madame.
- Je vous le dis : Ce sont eux qui décident. Ça a toujours été comme ça. Vous avez des andouillettes aujourd'hui ?
- Combien vous en voulez ?
- Pour quatre aussi. Les décisions se prennent toujours d'en haut. C'est pour cela qu'on les paye. On y est pour rien. Nous avons autre chose à faire, pas vrai ?
- Aujourd'hui, nous avons du steak de cheval en promotion. Vous en voulez ?
- Mettez-en moi deux. On ne sait plus où donner de la tête. Donnez-moi aussi une paire de ces belles cuisses de dinde et un bocal de foie gras. Il ne faut pas oublier de se faire un peu plaisir de temps en temps, n'est-ce pas ?
Pendant que la vendeuse coupe, pèse et emballe, ses yeux se promènent sur les charcuteries.

- C'est quand-même bon, tout ça. Heureusement nous sommes protégés par la législation. Il faut croire que les experts qui s'en occupent savent ce qu'ils font. Donnez-moi de ce chorizo, une vingtaine de tranches, si vous voulez bien. On n'y est pour rien pour les conditions. Et n'oublions pas qu'on les fait naître pour ça.

Le regard aiguisé et les papilles aux aguets, elle se fait servir ce que ses appétits lui commandent.

- La marchandise est très surveillée. Il y a des contrôles régulièrement. Mettez-moi des chipolatas pour six et une bonne tranche de terrine forestière. Et ça ira pour la semaine. Combien je vous dois ?

- 120 euros 40, s'il vous plaît. Vous ne voulez pas quelques morceaux de collier d'agneau ? Il vient d'arriver de nos usines.

- Difficile de résister. Ils vont se régaler à la maison. Mettez-moi dix et ce sera tout. Cela fait combien ?

- 150 euros, tout rond.

Elle trouve de la place dans son caddy déjà bien rempli et, d'un air complice vers la vendeuse, se retourne :

- Ce n'est pas donné. Mais qu'est-ce que vous voulez : on n'a pas le choix.

LE SOURIRE

Elle s'est encore levée du mauvais pied. La nuit fut-elle trop courte ? Les rêves trop agités ? La soirée de la veille trop arrosée ? Enfermée dans sa lourdeur, elle aperçoit le reflet de son regard dans son café aussi noir que ses idées. Le visage figé, elle sort dans la rue. Elle ne voit personne, personne ne la voit. Elle avance les yeux sur le trottoir quand, soudain, elle se sent bousculée. Quand elle lève la tête, agacée, elle se trouve devant un grand sourire : *Pardon.* Sans répondre, elle continue son chemin. Mais quelque chose d'à peine perceptible vient de changer, comme si une petite fenêtre s'était ouverte pour aérer son espace intérieur. *Pardon.* Un joli sourire. De qui venait-il ? Elle se retourne, mais ne le retrouve déjà plus.

La tête un peu plus haute, le dos un peu plus droit, son regard s'éclaircit. Elle se met alors à observer les gens autour d'elle. C'est l'effervescence d'une journée qui commence. La plupart de ces êtres sont en train de tracer leur chemin, tête baissée et mine figée, tout comme elle. Elle ne voyait qu'une foule informe et grouillante - jusqu'au moment où quelqu'un lui avait adressé la parole, en souriant : *Pardon*. C'est comme si ce geste banal l'avait tirée de sa torpeur. Un seul mot qui en a dit d'autres : *Bonjour, je vous vois. Je vous reconnais et je vous respecte.*

Il y a eu rencontre. Qu'est-ce qu'elle aurait dit si cette rencontre avait duré un instant de plus ? Aurait-elle pu dire comment elle se sent réellement, ce matin ? Pressée et frustrée parce qu'elle a l'impression de toujours patauger dans les mêmes boues ? Aurait-elle pu s'ouvrir face à quelqu'un qui croise par hasard son chemin ? Elle ne se confie déjà pas à ceux qui partagent sa vie ! Et si elle avait osé ? *Excusez-moi, j'étais complètement absorbée par mes pensées. Vous savez, je ne me sens pas très bien, ces derniers temps. Quelque chose me pèse lourd sur le cœur.* Jamais elle ne se serait donnée ainsi ! Et l'autre, dans quelle situation se trouvait-il ? Quelles étaient ses préoccupations ?

Elle commence à prendre plaisir à son jeu. Elle regarde autour d'elle et imagine que tous ces gens sont finalement portés par les mêmes soucis, les mêmes peurs, les mêmes besoins, et les mêmes désirs. Seulement ils les portent différemment. Un sourire est en train de s'esquisser sur son visage. Subitement, elle se sent touchée par tous ces êtres pressés et fragiles qui doutent, qui cherchent et qui souffrent. L'impression de lourdeur disparaît alors de son cœur. Son regard s'illumine quand elle réalise qu'elle n'est pas seule. Elle se sent comme dans un tourbillon vivant. Ce n'est plus la foule informe et agaçante, mais un organisme constitué d'innombrables éléments qui lui donnent son orientation.

Dans ce grand corps, un sourire est en train de se frayer un chemin. Comme une brise légère, il se met à sauter de visage en visage, de regard en regard. Et à chaque fois qu'il frôle une bouche pincée, un front plissé, quelque chose commence à se détendre. Sur son chemin, le sourire ne fait pas de différence entre les personnes. Il touche tous ceux qu'il trouve, sans distinction : des avec et des sans travail, avec et sans argent, jeunes, vieux, malades, en bonne santé, seuls, en couple, ... Et tous, sans exception, sont posés devant le choix de se laisser toucher par ce sourire, de le partager, de continuer à le faire voyager ou pas.

TRAVERSEE

Elle regarde la lettre, terrifiée. Elle se sent trahie, humiliée, dégoûtée. Le papier en main, elle hurle sa colère : *Je me sens mal ! C'est injuste ! Pourquoi moi ?!* Après avoir évacuée sa colère, la tristesse s'installe. *Pourquoi pas moi ?* demande-t-elle. C'est fini. Pas de retour possible. *Mais qu'est-ce que je deviens ?!* La peur a aussi son mot à dire. Elle l'écoute. Après un temps, la peur se lasse. Parfois, elle tente encore l'assaut, mais elle la repousse dans ses tranchées : *Je sais que tu t'inquiètes pour moi, mais tu me paralyses trop. Je veux avancer. J'ai besoin de confiance.*

Elle appelle la confiance. Il faut appeler plusieurs fois avant qu'elle se présente et par moments elle pense même qu'il n'y en a pas en elle. Quand elle émerge enfin, la confiance se montre contente que l'on fasse appel à elle. Elle est là maintenant, un peu frêle encore mais pétillante et prête à intervenir. Alors elle inspire, elle encourage, elle ouvre les portes. Jusqu'à ce qu'un jour une nouvelle occasion se présente, bien meilleure que celle qu'elle avait perdue. Touchée, elle accepte les deux cadeaux que lui ont été faits : ce qui lui semblait être une catastrophe et une nouvelle chance.

LA CONVOCATION

- Vous attendez depuis longtemps?
- Je ne sais pas. J'ai perdu la notion du temps. Et vous ?
- Pareil. Je ne sais plus. Vous avez aussi reçu la convocation ?
- Oui. Au début, je ne pouvais pas croire ce qui m'était arrivé. Après toutes ces années de travail ! J'étais sûr que les choses allaient toujours continuer ainsi.
- Moi c'est pareil. Je n'y étais pas préparé !
- Certes, j'avais bien remarqué que mes salles d'attente commençaient à se vider et qu'il y avait toujours moins de patients qui venaient consulter. Je trouvais cela étrange, vu que, selon nos statistiques, le nombre de malades était toujours en train d'augmenter.
- Avant, nous avions du travail par-dessus la tête! Les gens venaient nous voir par centaines. Ils craignaient nos diagnostics mais ils nous faisaient toujours confiance.
- Nous étions importants à leurs yeux.
- Pas étonnant. Nous décidions de la vie et de la mort. Six mois pour l'un, deux ans pour l'autre …
- Nous étions comme leurs dieux. Notre science était leur religion. Ils croyaient en nos prophéties. Ils avaient foi en nos chiffres. Ils nous tendaient le bras et nous laissaient faire sans broncher.
- Bien souvent, nos pronostics se sont avérés vrais.
- Un patient qui se croyait perdu était perdu.

- Les spécialistes, c'était nous.
- Mais certains commençaient à poser des questions. Ils avaient trouvé des informations dans les articles des magazines scientifiques que nous étions censés lire.
- Mais nous n'avions pas le temps pour cela ! Vous vous rendez compte, avec notre rythme de travail !
- Quelques-uns ont trouvé qu'il suffisait de faire confiance à un traitement pour qu'il fonctionne sur eux. Et s'ils n'y croyaient pas, nos prescriptions restaient inefficaces.
- Mais nous n'étions pas formés à ces choses-là. Elles ne faisaient pas partie de notre formation.
- Pas de psychologie.
- Ni d'alimentation.
- Ni la dimension énergétique du corps.
- Ni les connaissances des médecines traditionnelles et ancestrales.
- Nous avons appris par cœur ce que l'on nous servait. Il n'y avait pas de place pour l'imagination, l'intuition, la créativité, la sensibilité, la communication, l'empathie, l'humanité.
- Parfois, j'entendais les patients se plaindre : les consultations étaient trop rapides, trop techniques, trop peu personnalisées. Nous ne les écoutons pas et nous nous limitions à prescrire.
- Tout le monde faisait ça ! Qu'est-ce que nous serions devenus si nous avions pris le temps de discuter avec nos patients et essayer de trouver ensemble les solutions les plus adaptées ? Si nous

nous étions penchés sur les vraies causes de leurs maladies ?
- Les symptômes étaient beaucoup plus faciles à traiter. On arrivait à les faire taire pendant un temps et puis les patients revenaient. C'est comme ça qu'on les fidélisait. Nos traitements les rendaient dépendants. Et puis, il y avait les effets secondaires …
- Qu'est-ce que vous voulez ? Ils le savaient. Ils étaient au courant que chaque médicament a des conséquences mauvaises pour la santé.
- Mortelles à long terme.
- Mais il fallait bien vivre de quelque chose. Nous avions une famille à nourrir, une maison à construire, des voitures à entretenir. Et puis nos plaisirs. Avec tous les sacrifices que nous avions sur le dos ! Nous avions bien mérité un peu de distraction.
- Les laboratoires nous ont bien soutenus. Les beaux séjours à l'étranger, les nuits d'hôtel, les repas, …
- Cela valait bien quelques petits arrangements. En tout cas, nous n'avions pas le choix. Un seul traitement était admis. *Le protocole*. Choisir un laboratoire ou un autre, cela aurait été pareil. Et puis : ceux qui s'y sont opposés se sont retrouvés avec leur service fermé ou même radiés de l'ordre des médecins.
- Il ne fallait pas oser. Tout le monde avait les mains liées. Les médecins, le personnel soignant, et même les chercheurs. Ce n'étaient pas l'état qui finançait les

recherches mais les laboratoires. Ils avaient leurs objectifs.
- Tout allait dans leur sens. Le directeur d'une des revues scientifiques les plus respectées du monde l'a même reconnu : plus de la moitié des recherches étaient truquées, manipulées dans l'intérêt de l'industrie pharmaceutique.
- Et les médias jouaient le jeu. Ils n'allaient pas dénoncer ceux qui les faisaient vivre. Tout le monde faisait marcher la machine.

L'intimité des deux interlocuteurs est soudainement interrompue par un va-et-vient de pas, de voix et de claquements de portes. Comme un vent frais passe par les couloirs du bâtiment qui accueille la scène. Il enlève un des deux et laisse l'autre à sa solitude. Le cœur anxieux, la tête dans les mains, il s'abandonne à ses réflexions.

Il ne comprend toujours pas ce qui lui arrive. Quand il avait décidé de faire médecine, il était porté par un réel désir d'aider les autres. Il voulait être utile, sauver les vies, faire du bien autour de lui. Mais très vite, ses rêves sont devenus illusion. Il n'a pas pu échapper à la pression d'un monde où régnait la loi du plus fort et où la chasse acharnée aux premières places était ouverte dès le premier jour de son entrée en faculté. L'individualisme avait remplacé son idéal de coopération, et les questions aux choix multiples ont eu raison de sa curiosité et de son enthousiasme. Pourquoi n'avait-il pas arrêté quand il était encore temps ? Pourquoi ne pas avoir choisi un autre chemin, plus humain, plus humble, moins prestigieux ? *Trop tard* - la sentence s'inscrit en grandes lettres dans le livre de sa vie. Toujours parmi les premiers de sa classe, il savait s'accrocher et ne pas lâcher ses ambitions et les exigences des autres qui pesaient sur lui. N'avait-t-il pas toujours été l'espoir de sa mère et la fierté de son père ? Faire médecine, avoir une situation – il espérait enfin mériter la reconnaissance familiale. On comptait sur lui. Il accepta alors que son esprit se fige sous la lourdeur des matières à apprendre par cœur et s'adonna à ce qu'il savait faire : se battre.

Le combat était sa devise, le sel qui assaisonnait son existence et le carburant qui le faisait avancer. Il se battait contre le temps, contre la fatigue, contre les camarades de sa classe qui risquaient de le doubler. Mais surtout, il apprit à se battre contre la maladie. L'ennemi devait être vaincu. Sous ses mains, le corps des malades se transformait en champ de bataille. Parfois, quelques doutes faisaient obstacle à son chemin. Etait-ce la bonne façon de soigner le vivant, de guérir les gens et de les garder en bonne santé ? Submergé par son travail et exploité par le système, il continua à serrer les dents, à se bourrer le crâne et à sortir ses coudes.

Il lui a fallu de longues années avant d'arriver au zénith de sa carrière. Quand ses salles d'attentes ont commencé à se vider, il a cherché la faute dans les circonstances. Une mauvaise conjoncture ? Un vent passager défavorable ? Comme à son habitude, il s'intéressa surtout au symptôme et non pas à la cause du problème. Il faisait un effort et investissait dans de nouvelles machines, chaque fois plus performantes et plus sophistiquées. De nouveaux patients sont venus mais ils ont fini par lui tourner le dos, eux aussi. Quelle en était la raison ? Allaient-ils consulter ailleurs ? Mais selon ses informations, ses confrères étaient confrontés à la même réalité que lui : les patients ne venaient plus.

Etaient-ils moins malades ? Impossible dans cet environnement intoxiqué et déséquilibré ! A chaque coin de rue germaient de nouvelles maladies que sa médecine savait traiter mais jamais guérir. Et comme s'il n'y en avait pas encore assez, on en inventait quelques-unes pour toujours se garantir une clientèle fidèle. Où étaient alors restés tous ceux qui attendaient souvent pendant des heures devant ses portes fermées, les mains moites et la gorge nouée ? Ils ne pouvaient pas être tous morts ! Et les nouveaux malades ? S'étaient-ils résignés ? Ne se faisaient-ils plus traiter ? Lors de ses nuits sans sommeil il ne trouvait ni réponse ni consolation. Et finalement, les choses allaient tellement mal pour lui qu'il avait dû mettre la clé sous la porte.

A lui maintenant de patienter dans les salles d'attente. Les droits de ses allocations touchent à leur fin, ainsi que son espoir de ne jamais retrouver une nouvelle situation. Désormais, il se bat contre les paperasses qui lui assurent une existence à peine décente. Ses journées sont remplies de solitude, et encore plus ses nuits. Un médecin au chômage et sans sa blouse blanche ne fait plus trembler personne. Sa femme l'avait quitté il y a longtemps déjà et ses enfants rasent les murs quand il s'agit de dévoiler l'ancienne activité de leur père. Qu'était devenu un des métiers les plus nobles du monde ? Lors de ses longues promenades solitaires, il se demande parfois s'il y était pour quelque chose dans ce qui lui était arrivé. Quelle était sa part de responsabilité ? Aurait-il pu se positionner autrement ?

Et puis, il y avait cette lettre. Une convocation. Il ne saisit pas bien si c'est pour un travail ou pour une histoire de droits. Mais il comprend que c'est important. Sur son banc d'attente, il la tient entre ses mains, froissée par tant de touchers et de lectures :

Monsieur,
Veuillez vous présenter dans nos bureaux le mercredi 4 avril 2018. Nous vous prions de croire … etc. Rien de plus. Signé *Les Impatientés*.

Qui étaient-ils ? Il en avait vaguement entendu parler : une association d'anciens patients qui se seraient guéris par des méthodes naturelles. Actuellement, ils se trouvent parmi les seuls actifs sur le secteur de la santé. Allait-il avoir une nouvelle chance ? La gorgé nouée et les mains moites, c'est à son tour d'attendre devant les portes fermées. Il pense à tous ceux qui avaient patienté devant sa porte fermée, en attente de son jugement. A l'instant, il ressent dans son propre corps leur angoisse, leur impuissance et leur espoir de s'en sortir pour cette fois encore. Il sent la transpiration froide qui se trouve derrière l'anonymat d'un chiffre. 543. Le tableau indique le 542. Ce sera alors à lui d'un instant à l'autre. L'instant interminable de quelques minutes ou de quelques heures.

Le moment arrive. Un nouveau mouvement traverse le couloir comme un vent frais : des pas, des voix, des claquements de portes. Cette fois, c'est à lui d'être emporté. Les sens en éveil, il n'est pas conduit, comme il s'y attendait, dans un sombre bureau aux murs sinistres, mais dans un jardin. Magnifique écrin de verdure : arbres, plantes, herbes, fruits, légumes, fleurs. Le tout irrigué par des ruisseaux d'eau fraîche et chauffé par des rayons d'un soleil radieux qui traversent ici et là le feuillage scintillant. Il se trouve dans un oasis où rayonnent paix et sérénité. Oubliées les angoisses et les palpitations, finies la gorgé noué et les sueurs froides. Ici, tout inspire bien-être et sérénité.

Une voix le sort de sa contemplation :
- Suivez-moi, s'il vous plaît.

Il est alors conduit à une grande table ronde où se trouvent une vingtaine de personnes de tout âge. Une chaise lui est indiquée. Il prend place. Sans formalités, la personne qui l'avait guidé jusqu'ici commence :
- Nous vous avons convoqué pour vous proposer une nouvelle situation. Comme vous le savez peut-être, nous représentons d'anciens malades qui se sont soignés et guéris naturellement. Vous ne savez peut-être pas que notre association compte aujourd'hui plusieurs centaines de milliers de personnes. Comme vous avez pu le constater, nous n'avons plus besoin des services de la médecine industrielle. Nous avons pourtant décidé de vous proposer une coopération car nous croyons que certaines de vos compétences peuvent nous être utiles.

L'étonnement empêche les mots de sortir de sa bouche. Il traverse son corps jusqu'à se transformer en un sourd acquiescement. Coopérer avec ceux qui lui avaient tourné le dos ! Y-aurait-il des choses communes à construire ? Son savoir, pourrait-il finalement avoir sa place dans un tout autre contexte ?
- Ce qui nous intéresse, ce sont votre rigueur et votre réactivité. Il ne s'agit bien évidemment pas de revenir à vos méthodes belliqueuses. Nous connaissons tous l'absurdité et les dangers des traitements qui s'opposent au vivant et qui le détruisent.

Il se souvient de ses patients morts par milliers. Cela ne l'avait pas empêché de continuer à prescrire toujours les mêmes traitements. Face à sa conscience, il avait justifié ses actes en se disant que si tout le monde faisait pareil, cela ne devait pas être tout à fait faux. Et puis, il y avait quand même quelques résultats. Mais s'il était honnête, il ne savait pas si ces patients avaient survécu suite à ses méthodes ou à d'autres recours. Il ne savait pas s'ils avaient changé leurs habitudes ou leur alimentation. Il n'avait jamais pris le temps de les écouter. Puis, il n'avait jamais entendu parler d'études qui comparaient thérapies conventionnelles et naturelles.

Aujourd'hui, il prend conscience de l'immensité de son erreur. La tête baissée, il réalise le mal qu'il avait fait autour de lui pendant toutes ces années de pratique. Il reconnaît enfin son esprit fermé, son obstination, son orgueil, son manque de curiosité, de courage et même de bon sens. Il fait l'expérience douloureuse qu'il s'était trompé sur toute la ligne.
- Je regrette.
Aussitôt, une porte semble s'ouvrir. Le poids de ses troubles s'allège. C'est comme si un vent frais soufflait à l'intérieur de lui. Il emporte ce qui avait fait obstacle et qui l'avait empêché de s'ouvrir à l'évidence : on ne peut pas combattre la vie.
Il reprend son souffle :
- Je suis vraiment désolé pour ce que j'ai fait et j'en demande pardon.

Les personnes autour de lui le regardent avec attention.

- Nous vous proposons le contrat suivant : vous allez à nouveau faire des études. Vous connaissez déjà très bien la mécanique du corps. Vous allez alors connaître les forces qui l'animent et étudier la relation corps-esprit, les effets du ressenti sur l'organisme, le côté énergétique de l'être et la puissance de la pensée, les bases d'une alimentation saine, les remèdes naturels, les effets de la visualisation et de la méditation, entre autres.

Il ressent ressurgir une curiosité en lui qu'il croyait perdue. Une vague de légèreté parcourt son corps. Rien n'est alors perdu ! Il n'est pas trop tard ! Au plus profond de lui, il sent un immense soulagement. Enfin ! Il va pouvoir se consacrer à ce qui l'avait attiré, jeune, à faire son métier. Il va pouvoir aider vraiment les autres et être utile à sa société. Il apprendra comment faire équipe avec ceux qui lui seront confiés et devenir leur partenaire sur le chemin d'une guérison durable. La conversation dans la salle d'attente lui vient à l'esprit. Il s'en rappelle comme si elle avait eu lieu dans une autre vie.

- Qu'est devenu le collègue qui est passé avant moi ? Allons-nous faire les mêmes études ?

- Tous ne prennent pas la même décision.

- Qu'est-ce qu'ils deviennent alors ?

En écoutant la réponse, il sent un frisson parcourir le long de son dos.

- Ceux qui refusent de prendre une orientation dans le sens du bien commun se trouveront devant un tribunal qui les jugera pour crime contre l'humanité. Ce ne sont pas seulement les leaders politiques qui s'y trouvent aujourd'hui, mais tous ceux qui ont combattu le vivant : médecins, chercheurs, industriels, lobbyistes, entrepreneurs, actionnaires, banquiers, assureurs, ... des personnes qui ne se sont pas mis au service du bien commun mais qui n'ont pensé qu'à leur propre réussite et qui, au lieu de marcher vers la lumière, se sont tournées vers l'ombre.

LA FEUILLE
QUI NE VOULAIT PAS TOMBER DE L'ARBRE

Automne était arrivé. Le matin, les brouillards se levaient de plus en plus tard, frais et denses. Les fumées remplissaient l'air d'un avant-goût de longues soirées au coin du feu des cheminées et les arbres commençaient à prendre les couleurs de la braise : rouge flamboyant, jaune vif, orange scintillant. Le majestueux tilleul à côté de l'église, discrètement, laissait s'envoler les feuilles qui l'avaient habité pendant tout un été. Les unes après les autres voltigeaient vers l'inconnu.

Sauf une. A chaque souffle du vent, elle s'agrippait, de plus en plus désespérément, à sa brindille. Elle tremblait, elle frissonnait et se répétait, grelottante : *Pourvu que ça tienne. Pourvu que ça ne lâche pas. Pourvu que je ne tombe pas*. Elle ne pouvait plus penser à autre chose. Elle ne voyait pas les oiseaux se réunir avant leur traversée des mers. Elle ne sentait pas la brise douce de l'été indien et les caresses des rayons du soleil. Elle n'entendait pas le bourdonnement des derniers insectes de l'année qui dansaient autour d'elle. Les jours de pluie qui rendent les feuilles lourdes et luisantes, elle attendait, angoissée, comme les jours de vent qui allaient la sécher et la rendre à nouveau plus légère. A la moindre brise, elle regardait, de plus en plus paniquée, ses camarades disparaitre et laisser le tilleul de plus en plus dégarni. Quelle tristesse !

Quelle indécence ! Toute sa génération partait dans le vide et la laissait, seule, recroquevillée sur elle-même, de plus en plus pâle, de plus en plus sèche et de plus en plus vidée de ce qui lui avait donné vie.

Elle se souvenait, les veines serrées, aux jours interminables et insouciants et aux nuits douces et étoilées. La vie était aventure, danse, découverte. Chaque journée lui apportait du nouveau : des rencontres, des parfums, des chants. La vie bourdonnait autour d'elle, sans limites. Avec nostalgie, elle se souvenait de sa jeunesse verte et débordante. L'eau circulait en elle et lui donnait des formes séduisantes. Allègrement, elle se frottait contre ses voisines, chuchotait avec elles dans les cimes de son arbre et respirait l'air sensuel de l'été. Quelle liberté ! Quelle joie !

Au début, elle ne se rendait pas compte des journées plus courtes et des nuits plus longues et continuait à se laisser caresser par les rayons du soleil. Mais les brises se transformaient en tempêtes et elle sentait comme si quelque chose en elle commençait à lâcher. Quand elle voyait ses voisines se détacher des branches, elle ne pouvait pas croire que les choses étaient en train de changer. La vie avait été si belle ! Mais ses regrets, son chagrin et ses souvenirs ne pouvaient pas empêcher qu'elle sente sa fin s'approcher. La fin ? En réalité, elle n'en savait rien. Elle ne connaissait que sa branche et ses voisines, le vol des insectes et le chant des oiseaux, le souffle du vent et les rayons du soleil et de la lune. Y aurait-il autre chose ? La vie existerait-elle aussi ailleurs ? Y aurait-il quelque chose au-delà du vide ?

Elle ne pouvait pas se l'imaginer et se sentait de plus en plus faible et de plus en plus seule. Enfin, elle se résigna. Un matin, le vent détacha la fine tige qui la liait encore à son arbre. Surprise, elle voltigea vers le bas ; il n'y avait plus de combat, plus de nostalgie, plus d'angoisse. Il n'y avait plus rien. Rien ? Elle ne pouvait plus bouger, ses veines étaient vides et la sève de la vie ne circulait plus en elle. Mais elle se sentait comme portée par un souffle bienveillant qui la posa par terre, doucement. Elle sentait qu'elle n'était plus seule. Autour d'elle, toutes ses voisines et d'autres encore se réunissaient pour former une couche de plus en plus épaisse et moelleuse. Elle n'était plus vraiment feuille, mais elle était encore là. Avec les autres, elle était posée sur des plantes qu'elle n'avait pas connues et qu'elle protégeait désormais contre les froideurs de l'hiver. Elle était couche. Elle avait quitté l'arbre pour faire partie d'un nouvel ensemble. Lentement, elle se transforma en compost, humus, terreau. Elle devenait terre. Elle était sol nourrissant, berceau de milliers de vies différentes. Elle était feuille et pas feuille, terre et pas terre en même temps. Elle se laissait traverser, diviser et composer à nouveau.

Et puis quelque chose en elle sentit comme une palpitation, un scintillement, une suite de petites explosions. Quelque chose la tira vers le haut. Elle traversa la terre comme attirée par une lumière inconnue qui pourtant lui rappelait étrangement quelque chose. Et au moment de sortir de son environnement tamisé et paisible, elle le reconnut enfin : le soleil ! Elle jubilait, elle s'étirait, elle s'épanouissait. Son tronc devenait de plus en fort, ses branches poussaient vers le ciel et elle sentait se déplier des milliers, des millions de petites feuilles vertes et fraîches. Elle sentait leur extase, leur danse, leur chuchotement et s'en réjouissait. Et en face d'elle, à côté de l'église, elle aperçut un tilleul majestueux. Elle le salua, émerveillée.

L'EAU DANS TOUS SES ETATS

L'eau – symbole de pureté, de vie et de renouvellement, matière première précieuse qui contient le commencement de toute chose. Elle constitue 65% du corps d'un adulte et plus encore du corps d'un enfant. L'eau est le seul composé naturel de notre planète qui existe sous forme solide, liquide et gazeuse. Elle se transforme selon la pression, la température et les informations qu'elle transporte et apparaît sous de multiples formes : source, rivière, lac, océan, neige, glace, givre, brouillard, rosée, nuage, vapeur, ... Elle suit un processus interminable de changements. Pour se nettoyer, elle doit traverser les couches dures et profondes de la terre. C'est après cette purification qu'elle peut redevenir source et recommencer le circuit de la transformation.

Nous allons accompagner le voyage d'Ondine. La légende raconte que cette nymphe, un génie de l'eau, aimait s'asseoir sur la margelle des fontaines et peigner sa longue chevelure ou se baigner dans les cascades, les lacs et les rivières. Comme les humains, cet être sensible est traversé par des émotions et habité par des sentiments. Comme les humains, elle connaît la joie, mais aussi la colère, la tristesse et la peur. Et comme l'eau, son élément, elle doit toujours traverser les couches obscures et rocheuses avant de rejaillir et d'aspirer à nouveau vers la lumière. Pour pouvoir monter vers le haut, elle a besoin de s'appuyer sur le bas. Pour faire briller ses côtés lumineux, il est nécessaire qu'elle ait intégré ses zones d'ombre.

Ondine sait alors par expérience qu'il n'y a ni émotions *négatives* ni émotions *positives*. Toutes ses émotions sont ce qu'elles sont. Elles ne sont ni bien ni mauvaises. Quand elle ressent quelque chose qui lui est désagréable, pesant, elle sait que son être est en train de dévoiler quelque chose qui n'a pas encore été porté à la lumière. Elle se laisse alors traverser par son émotion et elle observe : qu'est-ce que je ressens exactement ? Où se trouve mon ressenti, dans quelle partie de mon corps ? Qu'est-ce qu'il fait avec moi ? Est-ce que c'est doux, étroit, harmonieux, grinçant, fluide, explosif, spacieux ? Est-ce que je me sens pétillante, calme, faible, enthousiaste, angoissée, tendre, gênée, timide, excitée, triste, curieuse, nerveuse, inspirée, confiante ? En posant des mots sur ce qui arrive, Ondine accueille chacune de ses émotions comme une invitée. Elle lui ouvre la porte pour la saluer, mais elle ne s'accroche pas à elle. Elle la laisse passer pour recevoir d'autres invités. Tous lui sont les bienvenus.

Ondine sait qu'il ne servirait à rien de claquer la porte à ceux qu'elle ne veut pas avoir chez elle. Ils entreraient par la fenêtre en cachette et sèmeraient le désordre derrière le voile de son inconscience. Elle a alors décidé d'accepter le passage de tout le monde, aussi des trouble-fêtes, car elle a remarqué que quand elle ne s'y oppose pas, quand elle écoute ce qu'ils ont à lui dire, ils vont vite passer.

Pour que personne ne soit à l'étroit, elle se rend le plus vaste possible. Pour cela elle se pose, elle respire profondément et imagine comme son espace intérieur s'ouvre de plus en plus. De passage en passage, elle apprend à laisser tomber ce qui encombre cet univers qui se trouve à l'intérieur d'elle. Ses aspérités et ses peaux dures se dissolvent et ses zones d'ombre s'éclaircissent en se frottant aux cailloux et aux rochers à qui elle a à faire. C'est ainsi qu'elle s'affine et devient de plus en plus transparente, comme un diamant.

Nous, sœurs et frères d'Ondine, nous pouvons apercevoir son éclat quand nous y sommes attentifs. C'est alors que nous pouvons entendre son invitation à voyager avec elle à travers les différentes couches de notre être. Si nous le souhaitons, nous pouvons sentir avec elle vibrer en nous la joie, la colère, la tristesse et la peur, pour revenir toujours à ce qui est notre vibration naturelle : la joie. Laissons-nous emmener vers des sphères à résonances multiples et dé-couvrons ce qui en nous aspire à la lumière. Par la reconnaissance de ce que nous ressentons, tout ce qui a agi dans l'ombre se libère de sa prison et s'envole pour ne plus nous déranger. En compagnie d'Ondine, nous arrivons enfin à transformer nos dissonances intérieures en harmonies.

Joie

Au cœur de la forêt et à l'abri de la lumière, coule une source secrète. Après avoir traversé les couches rocailleuses avec persévérance, après s'être frottée aux sables et aux cailloux avec patience et après un long repos dans les lacs souterrains, l'eau a trouvé son chemin vers la surface de la terre. Inlassablement, les gouttes jaillissent vers la verdure humide de l'épais feuillage qui couvre sols et rochers. Aucun rayon de soleil n'a encore caressé cette eau pure et fraiche. Aucun souvenir ne s'est encore gravé dans sa mémoire, à part celui d'être le fruit de l'amour entre la terre et le ciel. Goutte après goutte sort des entrailles de la terre. Portées par l'envie d'expérimenter, d'avancer et de grandir, elles ne savent rien encore ni d'elles-mêmes ni du monde qui les attend. Elles sont innocence et perfection. Quel sens vont-elles prendre dans leur vie ? Tout est ouvert, tout est possible et tout est à expérimenter.

Assise sur un rocher, Ondine se laisse envelopper par la fraîcheur de la vie qui naît. Son cœur bat au rythme de la joie de ce qui est en train d'éclore autour d'elle. Doucement, son souffle se répand dans ses poumons, puis dans son ventre et dans toutes les cellules de son corps. Elle sent son sang et avec lui la vie couler dans ses veines et la remplir de confiance et de sérénité. Elle est en sécurité. Portée par la terre ferme et enveloppée dans sa robe de feuillage, tout est à découvrir. Que va lui offrir cette vie qu'elle a devant elle ?

Je vous vois, rochers, arbres, fougères. Je te vois, mousse, et je me réjouis de ta délicatesse. Je vous sens tous près de moi. Je sens votre douce humidité et je me laisse effleurer par votre souffle. J'entends le bourdonnement des insectes et le chant d'un oiseau lointain, émerveillée. Je suis là ! Je fais partie de cet univers qui accueille mon être. Guidée par ma curiosité et mon enthousiasme, j'explore ce qui se présente à moi. Légère comme une feuille et souple comme les herbes bercées par la brise, rien ne me choque et tout me traverse. Tout est miracle. Que le monde est grand ! Qu'il est riche ! Qu'il est à moi ! C'est pour moi que les oiseaux chantent, pour moi que le vent souffle, pour moi que les fleurs se sont parées de toutes les couleurs et de tous les parfums. Dans un tourbillon de gaieté, je vole, je volette, je voltige et je ne sens aucune limite. Mon cœur est grand ouvert et spacieux et accueille tout ce que mes sens m'apportent.

Les joues roses et les yeux brillants, Ondine avance. Elle suit le courant de la source et traverse la forêt de sa naissance jusqu'à ses bords. Le dense feuillage s'éclaircit et déjà elle voit le ciel à travers la couronne des arbres. Quelques pas encore, et elle se trouve dans une vaste clairière. Le bourdonnement des insectes devient plus intense, les odeurs et les couleurs changent, et aussi la lumière. La verdure tamisée est devenu clarté, réverbération, étincellement. Ses pieds nus courent sur l'herbe et la font sautiller d'enthousiasme. Elle rit, elle ouvre les bras et elle danse avec ce qui effleure son regard et sa peau. Elle se laisse caresser par les rayons du soleil qu'elle vient de connaître. Elle ressent l'extase de la vie qui scintille, qui danse et qui vibre. Inlassablement, elle se sent attirée par ce qui est plus loin, plus grand, plus haut. Sa promenade la rend de plus en plus souple, de plus en plus légère. Ses bras deviennent comme des ailes et elle s'élève vers le ciel pour se confondre avec sa lumière bleue.

Colère

Après les profondeurs feutrées du monde d'en-bas, Ondine fait l'expérience de l'immensité du monde d'en-haut. Son corps est de plus en plus léger, de plus en plus fin. Sa montée vers le ciel lui apporte une sensation de liberté et de fierté, mais aussi d'inquiétude. Elle a quitté le connu pour se laisser aspirer par l'inconnu. Si avant les choses lui apparaissaient dans un ordre familier et réconfortant, elle perçoit maintenant désordre et confusion. Elle se sent sous l'emprise d'une étrange atmosphère. Plus elle s'approche du soleil, plus elle sent la chaleur augmenter non seulement autour d'elle, mais aussi en elle. Son univers vert et bleu se teint en jaune électrique. Elle sent la tension remplir l'air autour d'elle, comme si des présences inconnues lui marchaient sur les pieds. On la bouscule, on lui rentre dedans. On ne la respecte pas. Elle n'a qu'une envie : partir. Mais elle ne sait pas vers où s'orienter, où prendre place. Ses muscles et ses nerfs jusque-là souples et flexibles se tendent et son beau visage prend une expression contractée. Sa respiration devient saccadée et son cœur se met au galop.

Je me sens perturbée dans ce monde en désordre ! Je ne perçois que trouble et confusion. Dans mes veines, la vie est bouillonnement. Je me sens comme écrasée. Comme un lourd couvercle pèse sur moi et m'empêche de respirer librement. Je suffoque. Je sens la tension monter. Elle me prend comme une vague et me brûle les entrailles. Je la sens dans mon ventre, dans ma poitrine, dans ma gorge en feu. J'ai besoin d'espace ! J'ai besoin de me sentir respectée ! Je n'y arrive pas. La voix de mon impuissance hurle à l'intérieur de moi, mais aucun son ne traverse mes lèvres. Ma bouche reste fermée et n'exprime pas ce qui s'imprime dans mon corps. Mon souffle, de plus en haletant, ne me permet pas de poser mes mots et d'apaiser mes maux. Mon sang palpite dans mes tempes et tous les muscles de mon corps sont contractés. Je vois rouge ! J'ai l'impression d'exploser. Je suis prête à bondir !

La pression monte, la valve s'ouvre et l'eau devenue vapeur redevient liquide. Comme une fontaine elle fait éclater l'insupportable et se libère comme d'un habit devenu trop serré. L'orage éclate. Les éclairs tranchent et déchirent le ciel. L'air devenu irrespirable se fraye un chemin : Tonnerres ! Grondements ! Rugissements ! Le souffle de l'explosion touche les recoins les plus isolés. Le feu crépite furieusement et met en lumière ce qui jusque-là avait mijoté à couvercle fermé. L'incendie embrase tout sur son chemin avec une force à la fois destructrice et purificatrice. Trépignements, cris, souffles, et les paroles arrivent enfin. Ondine parle. Elle s'exprime. Elle se libère. Ses mots emportent ses maux vers l'extérieur et permettent aux flammes de sa colère de s'éteindre. Ondine s'apaise. Elle se pose. Elle prend place à nouveau.

Tristesse

L'orage a donné un nouvel ordre, une nouvelle place aux choses. Ondine ne se sent plus à l'étroit. Elle a changé son habit et elle est redevenue goutte. Mais ses formes ont changé. Elle n'est plus la petite goutte pure et innocente qui a jailli des profondeurs de la terre et dansé avec le soleil. Après son explosion, elle sent en elle une sorte de torpeur. Ses formes s'arrondissent et son corps s'alourdit. Qui est-elle à présent ? Elle se sent seule, abandonnée, pire : rejetée. Où sont passées les choses si douces et familières ? Où sont passés les autres ? Dans l'espace qu'elle occupe à présent, il n'y a plus rien. Elle n'aperçoit plus personne à travers ce voile de plus en plus épais qui se forme autour d'elle. Elle se sent comme dans une bulle, séparée du reste du monde.

Seule au monde. Ses mouvements sont au ralenti. Elle se sent grave, pesante, abasourdie, plongée dans une mer de chagrin.

Où est passée la lumière qui m'avait attirée jadis ? Je ne la vois plus. Plus rien n'arrive à traverser mes parois épaisses. Plus rien ne me touche, à part ce sentiment si douloureux de l'abandon et de la perte. Je sens le vide en moi, le manque. Mon cœur en mal de vie ne voit que noirceur. Je le sens serré, étroit et à rythme hésitant. Il semble douter. Vers où aller maintenant ? Que faire ? A quoi bon ? Je doute. Je ne sais pas. Là où la vie me semblait infinie et illimitée, je vois à présent des murs et des prisons. Là où j'ai goûté l'abondance ne reste que du vide. Je ne vois que désenchantement. Le souvenir de mes jours heureux augmente encore ma peine. Fini ! Terminé ! Perdu ! Tout ce que j'ai aimé est mort à jamais et ne reviendra plus.

Recroquevillée sur elle-même, sans forces et sans espoir, Ondine est assise devant son vide. Depuis les profondeurs de son être, un soupir se fraye un chemin. La gorge nouée, les yeux en feu, elle a l'impression de glisser. Ses formes rondes et lourdes la tirent inlassablement vers le bas. Soudainement, un bruit appelle son attention. Elle entend comme un claquement, un ruissellement, un écoulement. De l'autre côté de ses yeux voilés, elle aperçoit enfin des formes. Ne serait-elle pas seule ? Y-aurait-il d'autres présences près d'elle ? Tous ne seraient-ils pas partis pour la laisser en proie à son mal ? Les formes qui apparaissent devant son regard lui ressemblent étrangement. Elles sont toutes lourdes et rondes comme elle. Et toutes semblent se préparer à se précipiter vers le bas.

Peur

Assise au bord de son nuage, Ondine est prise de vertige. Sous son corps tremblotant, elle devine de loin, de très loin, les contours de la terre. Elle cherche désespérément où s'accrocher pendant que sa panique monte. Tout son corps se tétanise face au vide et essaye de s'appuyer sur ce qu'il peut trouver de solide. Mais elle ne trouve pas. Il n'y a rien. Ses mains cherchent en vain où se cramponner et ses pieds pendent au-dessus de l'espace. En ce moment, elle ne regrette non seulement sa joie perdue, mais aussi sa colère et sa tristesse. Tout ce qu'elle a vécu jusqu'à présent lui paraît mieux que son épouvante face à ce terrible inconnu. Qu'est-ce qui se passe si elle lâche ? Elle risquera de s'écraser et de mourir ! Elle ne veut pas. Elle préfère ne rien changer. La colère et la tristesse lui apparaissent maintenant comme des oasis dans le désert. Elle les connait bien et elles lui donnent comme du réconfort, quelque chose à quoi s'accrocher. Plutôt rester bien au chaud d'une vieille souffrance que de se lancer dans l'inconnu !

Je suffoque. Je sens la peur m'étrangler, me figer. Plus aucun son ne traverse ma bouche sans salive. Tout semble être à l'envers. Je sens le cœur battre dans mes tempes et la transpiration dans mes mains moites. Mes poils se redressent et ma respiration devient de plus en plus saccadée. Elle ne traverse plus mon corps et reste coincée dans ma poitrine. Toute mon attention se fixe sur un seul point : le vide en-dessous de mes pieds. Les muscles et les nerfs tendus à l'extrême, je sens mon corps s'immobiliser. Tout mouvement est inhibé. C'est comme si une vague de froid m'avait effleurée et transformée en cristal. Je sens pourtant frétiller quelque chose en moi qui me prouve que je ne suis pas encore morte. Je suis toujours vivante. Quand j'ose enfin me regarder, je vois que mes extrémités se sont transformées en petites branches fines, comme si j'étais une étoile.

A sa grande surprise, Ondine aperçoit autour d'elle quantité de petits flocons de neige. Etait-ce la peur qui a transformé les gouttes en flocons ? Etait-ce dû à une chute de température subite ? Qui saurait le dire. Après l'éclat de l'orage, tout est devenu possible. Ce qui était en haut peut se trouver en bas, le petit peut devenir grand et le liquide peut se solidifier. Sauvée ! Ondine est devenue flocon, et avec elle toutes les gouttes autour. Quelles merveilles ! Aucun flocon ne ressemble à un autre. Ils sont tous parfaitement différents et parfaitement uniques à la fois. Ondine se trouve fascinée devant cette diversité. Elle fait partie d'un tout qui commence à se mettre en mouvement. Les bras ouverts et le cœur léger, elle se lance enfin dans le vide accueillant et comprend qu'il lui faut tout cet espace pour pouvoir voler.

Sérénité

Doucement, Ondine plane vers le bas et se rapproche de plus en plus de la terre. Non pas dans une chute cruelle et abrupte, mais légère comme la plume d'un oiseau. L'explosion de la colère, la lourdeur de la tristesse et la paralysie de la peur se trouvent derrière elle. Le ciel surveille sa longue descente pendant que les vents soufflent délicatement pour accompagner son envol. A nouveau, elle ressent ce picotement agréable dans son corps, comme si elle revenait à la vie. Elle se donne en toute confiance à l'air qui semble l'accueillir avec bienveillance. Tous ses sens sont en éveil. En-dessous d'elle, elle aperçoit plaines et montagnes et au-dessus d'elle, sous la vaste voute céleste, des nuages teintés de toutes les blancheurs. Autour d'elle dansent des millions de petits flocons, chacune à la fois unique et pourtant uni aux autres. Elle n'est pas seule. Si elle a dû passer par les passages parfois étroits, en réalité elle a toujours été accompagnée. C'est seulement maintenant qu'elle en prend conscience. Elle réalise que tout est mouvement et que rien ne reste. Tout passe et revient à nouveau sous une autre forme.

Comme je suis libre ! Je sens mon cœur battre joyeusement dans ma poitrine et mon souffle se répandre dans toutes les cellules de mon corps. Plus rien ne pèse, plus rien ne m'empêche de m'épanouir et d'aller vers l'avant. Je vole, je vole, et quand je ne volerai plus, je sais que la terre m'accueillera comme la mère qu'elle a toujours été pour moi. Le ciel m'offre son espace et sa verticalité et la terre me fait cadeau de son horizon. Entre les deux, je m'oriente et j'avance librement. Toutes les rencontres me sont les bienvenues car elles m'offrent l'occasion de mieux me connaître. Je suis si heureuse de faire partie du grand jeu de la vie. Je ne sais pas ce qu'elle m'apportera mais je sens au fond de moi que tout ce qui arrive porte un sens caché. A moi de le découvrir. A moi de m'élancer dans les airs et de plonger dans les eaux, à moi de prendre les choses non pas contre moi mais pour moi.

Ondine se met à danser. Les yeux fermés et les bras ouverts, elle suit le mouvement qui lui est proposé. Elle danse avec tous ceux qui se présentent à elle, sans exception : ses joies et ses peurs, ses chagrins et ses rêves, ses ennuis et ses extases. Elle ne s'accroche à aucun de ses cavaliers et leur permet de changer en permanence. Ainsi, elle s'autorise à connaître de mieux en mieux ses partenaires et à devenir sensible à leur danse. Ensemble, ils développent des pas de plus en plus harmonieux. Sur le grand parquet de son monde, les cheveux d'Ondine volent dans le vent et les couches délicates de ses robes laissent entrevoir un corps qui semble rayonner depuis l'intérieur. Toutes les couleurs se réunissent et se combinent en ce corps, sans exception. Ensemble, ils forment un arc-en-ciel complet: le bleu serein, le violet mystérieux, le jaune joyeux, l'orange rayonnant, le rouge flamboyant et le vert apaisant. Dans un tourbillon allègre, les tonalités de toutes les émotions, de toutes les rencontres et de tous les événements se superposent. Ils rayonnent tous ensemble dans une blancheur claire et radieuse. Ce blanc qui inclut tout et ne rejette rien est le reflet de l'acceptation d'Ondine de laisser passer tout ce qui vient.

DANS LA GLACE

Avant de s'endormir, elle regarde les traits de son visage marqués par le temps. La vie y a laissé ses traces. Au cours du temps, son vécu s'est imprégné dans sa peau. Toutes ses histoires sont toujours là. Aucune n'a été oubliée. Dans ses traits, elle aperçoit ses joies et ses malheurs, comme si leur souvenir avait été absorbé par ses tissus. Rien ne s'est perdu au fil des années. Tout est gravé dans le paysage de son corps.

Elle se souvient d'un temps où elle avait consulté son miroir uniquement pour qu'il lui reflète sa beauté. Elle pensait alors pouvoir tout contrôler. Elle n'admettait aucune faiblesse, aucune ombre, et effaçait tout ce qui aurait pu troubler la perfection de son apparence. Elle poursuivait ce qui pouvait l'amuser et fuyait toute confrontation à ce qui pouvait lui être désagréable. Ainsi, elle avait mis des voiles sur ses traits et des armures autour de son corps. Serrée entre corsets et ceintures et enfermée derrière ses multiples masques, elle se raidissait et se durcissait jusqu'à se confondre avec la forteresse qu'elle avait construite autour d'elle.

Ce soir, elle sourit à la femme entière qu'elle aperçoit dans son miroir, libérée de ses armures. Son regard caresse chaque ride, chaque tache, et reconnaît ce que la vie n'avait cessé de lui enseigner : elle ne pouvait pas avoir ce qu'elle voulait sans faire l'expérience de ce qu'elle ne voulait pas. L'un n'existait pas sans l'autre : ses plaisirs restaient vides sans l'expérience de la tristesse, de l'incertitude et du conflit. Le lumineux pouvait seulement apparaître après la traversée de la matière dense et obscure. Ainsi, elle avait appris à embrasser le tout, à ne rien rejeter, à ne rien fuir. Tout ce qui lui arrivait était bon à prendre et à laisser ensuite. Ce soir, rayonnant de toutes les couleurs, elle aperçoit le vrai visage de son être et avec lui sa beauté pure et illimité.

MEDITATION ANCRAGE

Je sens mes pieds reposer sur le sol. Je bouge un peu les orteils, tout doucement, comme si je me faisais un petit massage. Mes pieds se détendent. Ils sont tout chauds. Je sens l'énergie remonter du sol et se répandre dans la plante de mes pieds et dans les orteils. Je les remercie de me porter chaque jour que la vie me donne. Je sens sous mes pieds comme de petites racines qui commencent à pousser et à s'enfoncer dans la terre. Elles continuent leur chemin jusqu'à ce que je me sente parfaitement ancré dans le sol, ici et maintenant. La terre me porte, quoi qu'il arrive. Je suis un enfant de cette terre-mère et j'ai ma place ici. Je n'ai rien d'autre à faire que de me poser.

Je sens le feu puissant de la terre monter en moi : jambes, genoux, cuisses, hanches, ventre, dos, poitrine, bras, mains, gorge, tête – jusqu'à ce qu'elle sorte au sommet de mon crâne pour rejoindre le ciel. Je suis alors comme un arbre, les pieds ancrés dans le sol et les branches poussant vers le soleil et bercées par le vent. Je sens mes feuilles frémir de joie d'être là. Mes branches et mes brindilles deviennent comme des antennes, un lien entre le haut et le bas, l'horizontal et le vertical. Je fais lien. C'est à travers moi que le mariage entre la terre et le ciel peut se réaliser. Je suis en noces perpétuelles. Alors je me réjouis, je ris et je danse pour honorer la fête.

Tout ce qui se passe à l'intérieur de moi trouve sa correspondance dans l'univers extérieur. Tout ce qui est en moi se reflète dans le monde qui m'entoure. C'est ainsi que je participe directement à la création de mon monde non seulement à travers mes actes, mais aussi par mes pensées. Je me mets alors à défricher, à débroussailler, à trier ce qui est en moi. J'ouvre grand les fenêtres pour que l'air puisse entrer et souffler jusque dans les derniers recoins de mes paysages intérieurs. Tout ce qui est lourd, dur, encombrant et superflu peut alors s'envoler.

A l'intérieur de moi, je suis vaste, immense. A chaque inspiration, j'agrandis mon espace intérieur, et avec chaque expiration je laisse partir tout ce dont je n'ai plus besoin. Le jardin en moi devient alors de plus en plus beau et de plus en plus lumineux. Je sens la joie s'installer en moi et j'en profite pleinement.

MEDITATION ROYAUME INTERIEUR

Je sens, à l'intérieur de moi, comme une vague de chaleur. Elle prend naissance au centre de mon corps, au chakra du plexus solaire. Je sens un subtil battement, léger comme le mouvement des ailes d'un papillon. Cette vibration se répand lentement dans tout mon corps. Elle descend dans mes organes, l'estomac, le foie, les reins, la rate, le pancréas, les organes sexuels, jusque dans mes fesses, mes cuisses, mes genoux, mes pieds, mes orteils. Cette belle énergie solaire remonte dans ma poitrine, mes épaules, mes bras, mes mains. Elle remplit entièrement mes poumons et atteint mon cœur. Les battements se mettent à l'unisson. La vibration continue à monter dans ma gorge et dans ma tête. Je la sens pulser au milieu de mon front et jusque au-dessus de ma tête. Je me laisse entièrement porter par cette vibration. Je m'abandonne à elle.

J'imagine que je suis le roi du pays de mon corps. Je gouverne dans ce pays avec bienveillance et tendresse. J'envoie les vibrations harmonieuses de mes pensées jusque dans les derniers recoins. Chaque organe, chaque tissu, chaque cellule me fait entièrement confiance et suit mes intentions. Mon attention glisse vers ce qui pourrait être tendu, lourd, fatigué. Alors je me souviens de cette énergie solaire qui habite mon corps. Je la dirige vers l'endroit qui en a besoin. Ses rayons enveloppent la tension, la lourdeur, la douleur. Comme le beurre au soleil, elles commencent à fondre, à se dissoudre. Je sens comme tout devient liquide et fluide.

Je suis roi dans mon royaume et j'ai le pouvoir de remettre en harmonie tout ce qui a besoin de l'être. Je prends conscience du soleil à l'intérieur de ma poitrine qui envoie ses rayons partout dans mon corps. Rien ne leur échappe si j'en décide ainsi. Je prends conscience que tout ce qui peut m'affecter vient de mon intérieur, ainsi que toutes les solutions. Je suis entièrement responsable de ce qui se passe dans mon royaume intérieur et j'en prends grand soin. Personne d'autre n'a le droit d'y régner. En lien avec ce que j'ai de plus beau et de plus lumineux, je nourris les champs devenus arides, je porte de l'eau dans mes déserts intérieurs et je construis des ponts pour relier les montagnes. Je laisse fleurir les prés et grandir les forêts. Sous mon soleil tout s'épanouit, tout se réjouis et tout est heureux de vivre.

Je suis soleil.

PAROLES

Il faut traverser son ombre pour se trouver

Dans la lumière de la conscience,
les choses se transforment par elles-mêmes

Dans l'océan, la goutte ne sait pas qui elle est

On ne peut lâcher que ce que l'on tient

N'y a-t-il pas un ange dans danger ?

La sortie est l'entrée

Sans l'expérience, le savoir reste matière morte

Les démons ne survivent que dans le noir

Sans friction,
l'étincelle ne peut pas prendre naissance

La solution se trouve à l'intérieur

Chacun crée sa propre réalité

Comme l'eau, la vie porte celui qui s'abandonne à elle

Chaque être vivant a un cœur de lumière

Nous sommes Un, un vers : Univers

Seulement ce que j'accepte en moi
me laisse en paix

Le problème est dans la séparation.
La solution est dans l'union

La vie s'oriente toujours vers la lumière

Tout est cycle, rien ne se perd

L'enfer me ment

Une seule flamme illumine une grotte entière

La séparation est une illusion

La maladie s'installe dans l'espace entre l'image que je veux donner et qui je suis vraiment

La maladie : un appel à plus de vie

La joie est le guide

Les ailes ont besoin de vide pour se déployer

Ni victime, ni bourreau, ni sauveur :
responsable de ses pensées et de ses actes

Tout se résume au choix entre *oui* et *non*

Le monde extérieur
est le reflet de notre monde intérieur

Je fais de mon mieux et ne contrôle rien

L'amour guérit

La lumière transforme tout